# LA FRANCE

## AVEC LA

# POLOGNE

LAGNY. — Imprimerie de A. VARIGAULT

# LA FRANCE

## AVEC LA

# POLOGNE

PAR

## L'ABBÉ C. G***

FILS D'UN SOLDAT DU PREMIER EMPIRE

RÉPONSE A LA BROCHURE

## LA FRANCE AVANT LA POLOGNE

> En relevant la Pologne, *cette véritable clef de toute la voûte,* je ne prétendais rien acquérir ; je ne me réservais que la gloire du bien et les bénédictions de l'avenir.
>
> NAPOLÉON.

TROISIÈME ÉDITION

Se vend au profit des souscriptions polonaises. — Prix : 1 fr. 25 cent.

## PARIS

### CHEZ C. DILLET, LIBRAIRE-ÉDITEUR

15, rue de Sèvres, 15

CHEZ DENTU, PALAIS-ROYAL, ET LES PRINCIPAUX LIBRAIRES

## 1863

# AVANT-PROPOS

## DE LA TROISIÈME ÉDITION

Dès l'apparition de cette brochure : *La France avec la Pologne*, tant de voix nous arrivent de toutes parts pour nous prier de donner à cet appel à la France la publicité la plus étendue, que nous n'hésitons pas à nous imposer de nouveaux sacrifices pour répondre à ce vœu, dans lequel nous aimons à recueillir une preuve nouvelle des ardentes et profondes sympathies qu'excite parmi nous le sort de l'infortunée Pologne. L'espace nous faisant défaut, nous devons nous restreindre à citer quelques-uns seulement de ces patriotiques encouragements :

« Monsieur l'abbé, je voudrais que votre brochure fût entre les mains de tous les Français; elle réveillerait, plus vive et plus généreuse que jamais, cette sympathie que tous éprouvent déjà pour ceux qui, deux fois nos frères bien-aimés, défendent religion et patrie avec un héroïsme qui mérite autre chose qu'une stérile admiration. »

« Vous prouvez admirablement votre magnifique thèse : *La France avec la Pologne*, et il est impossible de se soustraire à la portée de vos déductions, auxquelles votre style entraînant et animé ajoute, outre l'évidence des faits, outre le poids des arguments, une force irrésistible. »

« Je désire bien vivement que votre brochure soit lue, et surtout comprise, par ceux qui sont à la tête de l'État, ou bien qu'elle contribue à former l'opinion publique en faveur de la Pologne, tellement forte, tellement compacte et imposante, qu'elle entraîne enfin les gouvernements. N'est-il pas désolant, en effet, de voir l'héroïque Pologne abandonnée à elle-même, tandis que l'on a des secours toujours prêts pour empêcher la Turquie de mourir? »

« Si votre brochure ne m'a pas appris à aimer la Pologne, ce n'est pas votre faute ; c'est que toutes mes sympathies étaient dès longtemps acquises à ce noble et infortuné pays. Je vous félicite donc, avec le plus cordial élan, d'avoir écrit de si belles pages en faveur d'une si bonne cause. »

« J'ai lu avec un indicible intérêt votre brochure sur la Pologne, et j'ai été heureux d'y retrouver, traduits avec la chaleur et le talent qui distinguent tous vos écrits, des sentiments qui me sont chers, et qui sont ceux de tout véritable Français. Je ne doute pas que ce cri généreux et éloquent de votre âme ne trouve de l'écho dans toute la France. Puisse son retentissement être aussi puissant, aussi efficace qu'il sera profond et étendu ! Puisse l'étincelle de votre cœur, se propageant et s'enflammant partout, produire un embrasement des âmes assez fort pour ne plus laisser hésiter les gouvernements, en face des barbaries qui déshonorent ceux qui les tolèrent presque autant que ceux qui les commettent. »

« La cause que vous défendez si victorieusement dans votre brochure *La France avec la Pologne*, m'est profondément sympathique. Fils comme vous d'un soldat du premier Empire, j'aime à espérer que le nouveau ne ratifiera pas la grande iniquité de l'ancien, et je vous félicite d'avoir dit si franchement et si noblement ce que pensent tous les Français véritablement dignes de leur nom et de leur époque. »

« Je souhaite du fond du cœur à votre brochure le succès dont elle est digne à tous les titres, et par les considérations qu'elle invoque, et par les intérêts qu'elle défend, et par le talent avec lequel ces hautes questions sont traitées. Je suis fier pour le clergé d'entendre de tels accents sortir de son sein ; aussi soyez sûr que la France entière vous applaudira, et que si toutes les voix ne s'unissent pas à la vôtre pour plaider la cause de la nation martyre, tous les cœurs du moins sont avec vous pour en réclamer la délivrance et le triomphe... etc., etc. »

Parmi ces protestations, que nous pourrions multiplier indéfiniment, nous avons choisi de préférence celles de nos vénérés confrères, afin que nos lecteurs puissent juger si, comme certaines plumes malveillantes l'ont perfidement insinué, le clergé français n'a que de l'indifférence et de l'apathie pour les destinées de la noble et malheureuse Pologne.

l'abbé C. G***.

# LA FRANCE AVEC LA POLOGNE

## I

Lorsque naguère le canon de toutes nos places fortes annonçait l'éclatant triomphe de nos armes au delà de l'Atlantique, ces salves formidables, répercutées en quelques heures d'un bout à l'autre de la France, trouvèrent des échos plus sympathiques que jamais au fond de tous les cœurs ; c'est qu'alors, il ne s'agissait pas seulement d'applaudir à une victoire d'autant plus complète qu'elle avait été plus sagement préparée et plus longtemps attendue ; victoire qui venait enfin mettre un terme aux anxiétés de l'opinion en même temps qu'aux appréciations diverses, relatives à cette expédition lointaine où nos braves soldats avaient à lutter à la fois et contre les atteintes d'un climat meurtrier, et contre les efforts désespérés d'un ennemi belliqueux et acharné. A la joie de ce grand et nouveau triomphe, dont le but était, dont le résultat sera d'apprendre à de nouveaux continents à respecter les droits et le drapeau de la France, venait se mêler la joie d'un autre triomphe non moins impérieusement réclamé par les vœux non-seulement de la France, mais de l'Europe et de l'humanité entière. Oui, l'heureuse solution de la question mexicaine assurée, sinon réalisée déjà par la prise de Puebla et de Mexico, semblait à tous d'un favorable augure pour la prochaine et heureuse solution de la question polonaise, et chacun aimait à se dire dans un transport unanime d'espérance et d'enthousiasme pour une nation amie et malheureuse, digne à tous égards d'un meilleur sort : Au moins, maintenant, si la voix de la justice et de l'humanité ne peut se faire entendre auprès du plus odieux despotisme qui se soit jamais attiré l'exécration des peuples; si le spoliateur moscovite, au lieu de se dessaisir de sa proie, persiste à exercer sa fureur sur les lambeaux sanglants et déchirés de la Pologne, la France sera là pour voler au secours de sa sœur infortunée, pour s'opposer à la force en faveur du droit, pour s'interposer entre le bourreau et la victime.

II

Le tyran l'a bien senti. Malgré les réseaux de fer dont il s'est fait une immense ceinture, malgré les formidables ressources militaires dont peut disposer un aussi colossal empire, l'autocrate de toutes les Russies tremble à l'heure qu'il est sur son trône menacé et ébranlé de toutes parts ; et ce qui le fait trembler, ce n'est pas l'insurrection qui s'en va gagnant chaque jour du temps et du terrain, et réunit dans un effort suprême des provinces entières résolues de verser jusqu'à la dernière goutte de leur sang pour la délivrance de la patrie odieusement opprimée ; ce n'est pas même la tempête, plus menaçante encore, qui gronde autour de lui et se communique de proche en proche jusqu'au cœur de ce vaste empire, pour lequel il semble que l'heure est enfin venue de secouer les chaînes de la servitude et de briser le joug de fer ; il sait bien, celui à qui des siècles d'oppression héréditaire ont appris à ne régner que sur des esclaves abrutis ou sur des débris sanglants, il sait bien que les complots les plus audacieux, on peut les déconcerter par la terreur ; de même que les insurrections les plus tenaces, on arrive à en avoir raison par la force, on finit par les étouffer dans le sang. Mais ce qui préoccupe, ce qui intimide bien autrement l'autocrate oppresseur de la Pologne, c'est l'attitude de l'Europe en face de cette dernière insurrection, d'autant plus digne des sympathies de tous qu'elle a été excitée par des procédés plus iniques et plus barbares ; ce qui le préoccupe surtout, c'est l'attitude de la France dont il connaît l'amour constant et dévoué pour la Pologne, et dont la juste indignation grandit chaque jour en proportion des excès et des atrocités inouïes qui se commettent en son nom, par ses ordres (1), sur cette terre peuplée de braves et de héros, de confesseurs et de martyrs. Naguère, passant en revue les milliers de bouches à feu dont sont hérissés les forts de Pétersbourg et de Cronstadt, cet appareil de forces imposantes ne parvenait à le rassurer que médiocrement, et du haut de ces bastions cuirassés de bronze et d'acier, jetant un regard inquiet vers les horizons de l'Occident, il disait aux officiers de son état-major réunis autour de lui : « Si seulement

_____________

(1) Loin de réprimer ou de désavouer les traitements barbares devant lesquels le monde entier frémit d'horreur, le gouvernement russe ordonne à ses agents de redoubler d'énergie dans les moyens à prendre pour en finir promptement avec l'insurrection, et comme si ces recommandations ne stimulaient pas suffisamment le bourreau, les félicitations et les toasts à Mourawieff sont à l'ordre du jour dans les hautes sphères de Saint-Pétersbourg et de Moscou.

la France, si seulement l'empereur Napoléon III n'était pas là !... » Heureusement la France, heureusement l'Empereur est là avec 500,000 hommes, dont toutes les campagnes depuis dix ans n'ont été qu'une suite ininterrompue de victoires, et aujourd'hui, le lendemain de ces nouveaux exploits qui couronnent dignement cette série de glorieuses expéditions par lesquelles la France témoigne de son dévouement pour la cause de la civilisation et de l'humanité, le prestige du nom français est plus puissant encore pour aller inspirer au czar les conseils d'une sage et salutaire frayeur. Il tremble qu'une flotte française ne vienne à reparaître dans les golfes de la mer Baltique et de la mer Noire, et au bruit du canon qui salue la prise de Puebla, il se rappelle la chute de Sébastopol.

### III

La noble et généreuse nation qui s'immole à l'heure qu'il
est pour la délivrance de la patrie, elle aussi, elle surtout, a
bien compris la signification des heureux événements qui
viennent de s'accomplir au Mexique. Elle sait comme de
tout temps la France s'est associée à ses espérances et à ses
infortunes. Elle sait que l'épée de la France, toujours prête à
se mettre au service du droit méconnu et de l'humanité opprimée, ne peut manquer, si les circonstances l'exigent, de
soutenir la sainte cause qu'elle défend par de si héroïques
efforts. Déjà l'on a pu constater le redoublement d'énergie
et de courage que le récent triomphe de la France inspire
aux intrépides défenseurs de la Pologne, et pleins de cette
même confiance qui animait leurs pères, lorsque, dans l'espoir
d'une prochaine reconstitution de leur patrie, ils groupaient
leurs vaillantes légions autour des drapeaux du premier Empire, ils répètent cet heureux augure que la France aime à

recueillir et que les siècles ne démentiront pas : Tant qu'elle sera aimée de la France, la Pologne sera invincible! Tant que la France gardera cette forte et glorieuse épée qui pèse d'un poids irrésistible dans la balance des destinées du monde, non, la Pologne ne saurait désespérer, non, la Pologne ne saurait périr!

France et Pologne! ici où l'on regarde, ici où l'on frémit, ici où l'on prie dans l'attente du triomphe si ardemment désiré, comme là-bas où l'on s'immole pour la plus sainte des causes, ces deux noms sont répétés par toutes les bouches et sont chers à tous les cœurs! France et Pologne! ces deux noms, redits par les transports d'une même espérance, expriment l'intime amour de deux sœurs indissolublement unies, et promettent à l'une et à l'autre un mutuel appui aux jours du péril, de l'oppression et de la douleur. France et Pologne, oui, l'union de ces deux sœurs a reçu toutes les consécrations qui peuvent ennoblir et resserrer les liens sacrés par lesquels les nobles cœurs se correspondent ici-bas. Elle a reçu la consécration du temps; elle a reçu la consécration du sang généreusement répandu; elle a reçu la consécration du malheur glorieusement supporté. France et Pologne! le passé le redit à toutes les pages de l'histoire, le présent le répète au milieu des horreurs et des atrocités d'une lutte héroïque d'une part, exécrable de l'autre; l'avenir le redit d'une voix plus impérieuse, plus significative encore.

IV


Sans remonter bien loin dans le passé pour retrouver
l'origine de cette sympathie séculaire si caractérisée entre
Français et Polonais, ces deux généreuses nations dont l'intrépidité chevaleresque est à la hauteur l'une de l'autre, ne
suffit-il pas de se rappeler la part glorieuse et dévouée que
les légions polonaises ont prise à toutes nos campagnes de
la République et de l'Empire, pour constater à quels titres la
Pologne a droit à la reconnaissance de la France, à quels
titres par conséquent la France doit s'intéresser aux destinées de la Pologne. Pendant l'espace de vingt années, de
1795 à 1815, le contingent fourni par la Pologne aux armées de la France ne s'éleva pas à moins de cinq cent mille
hommes qui combattirent pour nous sur tous les champs de
bataille, non-seulement sur les bords de la Vistule, de l'Oder
et du Volga, mais en Autriche, en Prusse, en Italie, en Espagne, et jusque sur les plages meurtrières et brûlantes de

Saint-Domingue, où dix mille Polonais allèrent se faire massacrer pour faire rentrer dans le devoir les nègres révoltés contre la mère patrie.

Quant à la valeur militaire des enfants de la Pologne et aux services rendus par eux au premier Empire, on peut sur ce point s'en rapporter à Napoléon lui-même, qui se connaissait en hommes, en hommes de guerre surtout. « Les Polonais, disait-il aux jours de ses revers, en regrettant de n'avoir pas mieux profité de sa bonne fortune et surtout de n'avoir pas mieux récompensé les services que cette vaillante nation lui avait rendus, les Polonais m'étaient très-attachés. La nation polonaise est brave et fait de bons soldats ; ils valent mieux que les Français pour résister au froid des pays du Nord. Les Polonais seuls pendant notre désastreuse retraite, sauvèrent beaucoup de leurs chevaux et leur artillerie ; mais les Français et les soldats des autres nations n'étaient plus les mêmes hommes. »

Dans une autre circonstance, alors que rien ne résistait à la volonté toute puissante du vainqueur et du conquérant de l'Europe, Napoléon rendit un plus glorieux témoignage encore à l'intrépide bravoure des *légions de la Vistule,* comme on appelait alors les régiments polonais enrôlés sous les drapeaux de la grande armée. C'était au début de la guerre d'Espagne ; il s'agissait de forcer le difficile et périlleux passage des défilés de la Somo-Sierra, dont les flancs et les sommets étaient gardés par des masses compactes de tirailleurs espagnols, qui à l'avantage d'une telle position

joignaient celui d'être couverts par une formidable artillerie.
On vient dire à Napoléon de la part du général qui a exploré les lieux, que la position est inabordable de front pour la cavalerie et que la charge sur ce point est absolument impossible. « Impossible ! dit l'Empereur irrité, je ne connais pas ce mot-là ! Eh bien ! que les Polonais fassent la charge, il n'y a rien d'impossible pour eux ! » Le 3ᵉ escadron des chevaux-légers polonais s'élance à l'instant aux cris répétés de : *Vive la Pologne, vive l'Empereur!* Une première décharge fait d'énormes trouées dans les rangs sans ralentir l'élan impétueux de la troupe, et les canonniers espagnols sont sabrés avant d'avoir eu le temps de recharger leurs pièces. En même temps l'infanterie française atteint les sommets latéraux du défilé d'où elle culbute les lignes espagnoles, et la victoire est complète. Napoléon arrive : « N'avais-je pas raison, s'écrie-t-il tout radieux, de dire que rien n'est impossible aux Polonais? » Et ôtant son chapeau en signe de respect pour les morts et les survivants, il signalait cette belle conduite à l'admiration de son état-major devant qui il voulut décerner immédiatement les récompenses, attestant que jamais décorations n'avaient été mieux méritées et disant de manière à être entendu de tous : Honneur aux braves !

Combien d'autres circonstances où les légions de la Pologne donnèrent à l'Empereur et à la France des preuves plus éclatantes encore de leur courage et de leur dévouement. Alors même que tout changeait de face, et la fortune de l'Empereur et les destinées de la France, ce fut toujours même attachement, même abnégation, même fidélité. Ici, c'est le général Dombrowski dont la division arrête les Russes pendant que l'armée française opère le passage de la Bérézina, et sans le secours de ce fidèle allié, cette trop fameuse retraite de Moscou eût été bien autrement désastreuse encore. Là, c'est le prince Poniatowski que la Russie, la Prusse et l'Autriche s'efforcent par les offres les plus séduisantes de séparer de la cause de la France. Mais au lieu de céder à ces perfides propositions, le généreux prince se hâte de rejoindre Napoléon avec les 15,000 hommes qui lui restent, intrépides et glorieux débris de tant de meurtrières campagnes. Bientôt ces 15,000 combattants, dernière ressource que la Pologne sacrifie encore au salut de la France, sont réduits à 8,000, et après la bataille de Leipsik il n'en reste plus que 800. Poniatowski, créé alors maréchal de l'Empire en récompense de ses services, se hâte de faire connaître sa position à l'Empereur en lui témoignant le regret de n'avoir plus que 800 hommes à lui offrir pour la défense de sa personne et de sa cause. « Huit cents braves valent huit mille hommes, lui répond à l'instant l'Empereur, et c'est à vous et aux vôtres, prince Poniatowski, que je confie le soin de couvrir mon armée. » Ni l'intrépide chef, ni les intrépides soldats ne faillirent à la suprême mission qui leur était imposée. Pendant que ces 800 héros se font tailler en pièces par un ennemi vingt fois plus nombreux, Napoléon fait passer l'Elster à ses troupes et fait sauter le pont derrière

lui. Poniatowski, criblé de balles, accompagné du seul aide-
de-camp qui lui reste, s'élance dans le fleuve pour rejoindre
le drapeau français sous lequel il a déjà tant de fois com-
battu, sous lequel il aspire encore à combattre, à vaincre et
à mourir; mais son cheval blessé s'abîme dans les flots où le
prince périt lui-même victime d'un héroïque dévouement. La
Pologne avait donné le dernier, le plus brave et le plus illustre
de ses fils à la France, et les débris de la grande armée
étaient sauvés.

Ceci se passait en 1813. En 1814, la fortune de plus en
plus contraire à celui qui avait subjugué le monde par le
prestige de son nom et la puissance de ses armes, forçait Napoléon à aller s'emprisonner dans une petite île de la Méditerranée, empire bien étroit pour celui qui avait vu flotter
son pavillon victorieux sur toutes les capitales de l'Europe.
Dans ce triste abandon, c'est encore un escadron de fidèles
Polonais que je trouve pour garde d'honneur autour de l'illustre exilé, qu'ils ont voulu suivre dans l'infortune comme ils
l'ont suivi au chemin du triomphe et de la gloire.

L'année suivante, le géant des batailles, dont on n'avait
pas captivé le génie en resserrant le cercle étroit où devaient
se mouvoir ses pas, reparaît soudain sur le continent, prêt à
fondre sur l'Europe consternée, et déjà les enfants de la Pologne sont sous les drapeaux de celui en faveur de qui ils ont
tant de fois décidé la victoire. Avec eux Napoléon s'avance à
la rencontre des armées coalisées, qui se ruent de nouveau
sur la France, et la France cette fois encore eût été sauvée

sans la trahison qui détermina le fatal désastre de Waterloo.
Le soir même de cette terrible journée, les Polonais conti-
nuaient à tenir bon contre les masses énormes qui les écra-
saient; après avoir été les premiers à fondre sur l'ennemi,
ils étaient les derniers à lâcher prise dans cette funeste dé-
route, les derniers à douter de la fortune de Napoléon et à
désespérer du salut de la France.

## V

Quelle fut la récompense de tant de sacrifices, de tant de
sang versé, de tant de services rendus? Aucune. L'Empereur, assurément, était animé des meilleurs sentiments pour
la Pologne et les Polonais; il ne manqua aucune occasion
de leur manifester ses intentions aussi généreuses que sin-
cères; il ne cessa de les encourager par les plus flatteuses
promesses, les assurant qu'il hâterait de tout son pouvoir la
venue de l'heureux jour où il leur ferait rendre justice en
reconstituant leur nationalité et leur patrie. Mais ces bonnes
intentions, dont personne, à coup sûr, ne saurait contester
la sincérité, restèrent toujours à l'état de stérile théorie, et
n'aboutirent à aucun résultat durable et sérieux. Tantôt
absorbé par le cours rapide et imprévu des événements,
tantôt arrêté par des considérations particulières et des intérêts de famille, Napoléon différait de donner suite à ses
vues bienveillantes, et bientôt, les catastrophes se succédant

coup sur coup, les revers les plus inattendus venant entraver les dernières entreprises de celui à qui, jusque-là, rien n'avait opposé d'obstacles, il n'y eut plus moyen de songer à l'exécution des projets précédemment et dès longtemps concertés pour le rétablissement de la Pologne. Depuis lors, la France bien des fois a tourné ses regards attristés vers la noble et vaillante Pologne ; bien des fois, non contente d'unir ses vœux aux soupirs de cette sœur opprimée, elle a élevé la voix en sa faveur dans les tribunes de l'État et près des cabinets de l'Europe. Mais toujours est-il que toutes ces réclamations, toutes ces sympathies n'ont rien produit, absolument rien, depuis un demi-siècle bientôt, pour le bonheur de la Pologne, et à l'heure qu'il est, la dette de la reconnaissance, si lourde quoique si douce pour toute âme généreuse, pèse encore de tout son poids sur tous les cœurs français. Cependant, on peut l'affirmer sans crainte d'être démenti, si la Pologne, il y a cinquante et soixante ans, avait consacré à sa propre défense la moitié seulement des forces qu'elle a mises sur pied pour la défense du premier Empire, si elle avait versé pour sa délivrance et son salut la moitié du sang qu'elle a versé pour la gloire et le salut de la France, oui, on peut le garantir et l'attester, la résurrection de la Pologne serait aujourd'hui un fait dès longtemps accompli, et à l'heure qu'il est, cette terre infortunée, couverte de sang et de ruines, serait une des contrées les plus florissantes de l'Europe.

# VI

L'occasion est venue ou jamais pour la France, de s'ac-
quitter de ces dettes séculaires vis-à-vis de la Pologne. A la
suite des campagnes si éclatantes d'abord, si désastreuses
ensuite du premier Empire, la France pouvait dire à la Pologne, si toutefois celle-ci n'avait eu l'âme trop délicate, le
cœur trop généreux pour lui réclamer le salaire de ses services : « Je voudrais bien, vaillante et fidèle alliée, être en
mesure de tenir ma parole et de te faire tout le bien que je
t'ai promis. Mais que puis-je aujourd'hui? Tous mes fils en
état de porter les armes sont tombés au champ de l'honneur
côte à côte avec les tiens. L'étranger, conjuré et coalisé de
toutes parts contre moi, menace de me faire payer cher
quelques fumées de gloire qui m'ont réjoui aux jours d'une
prospérité éphémère. Sans armée, sans chef aujourd'hui
pour me frayer les routes de la victoire, je ne puis que subir
la douloureuse humiliation qui m'est infligée pour prix de

mes audacieux triomphes. Attends donc, ô sœur infortunée, dont je voudrais essuyer toutes les larmes, adoucir toutes les amertumes, attends avec moi le retour de jours meilleurs; attends que mes fils aient de nouveau grandi et puissent ressaisir cette vaillante épée, relever ce glorieux drapeau que leur ont légué leurs pères; attends que la paix, en cicatrisant mes plaies, ait réparé mes ressources épuisées, consolidé mon trône chancelant, rappelé mes monarques de l'exil, et un jour, si la fortune sourit à mes espérances cruellement trompées; s'il est donné à la France, redevenue forte et puissante, de relever sa tête victorieuse parmi les rois et les reines de l'Univers, je te promets de te rendre aussi puissante et forte entre toutes les nations, nos alliées ou nos ennemies. »

Ces jours meilleurs, à nul sans doute ne viendra la pensée de le contester, ils ont lui enfin pour la France. La France, après la durée des humiliations, qu'il était dans les vues de la Providence de lui assigner, tantôt par le cours même des événements qu'elle avait provoqués, tantôt par la faiblesse des gouvernements qui lui furent imposés; la France, pacifiée à l'intérieur, réhabilitée aux yeux de l'étranger, est aujourd'hui plus glorieuse et plus puissante que jamais. Ses aigles invincibles, déployant de nouveau leurs ailes triomphantes sur le monde, ont effacé la trace sanglante des désastres de Moscou et de Waterloo, et à l'heure qu'il est, il n'est pas une plage de l'ancien comme du nouveau monde, où le drapeau français n'ait forcé la victoire à le suivre, pas une terre ou une mer où le nom français ne soit craint et respecté, pas un peuple ami ou ennemi qui ne redise le refrain patriotique répété depuis dix ans par tous les échos de l'Univers : *Honneur, honneur aux enfants de la France* (1)!...

Et pendant ce temps, que fait, que devient la malheureuse Pologne? Ah! ce qu'elle devient. Non-seulement elle souffre comme elle n'a cessé de souffrir depuis qu'elle a été enchaînée au joug de fer de la Moscovie; non-seulement elle proteste comme toujours contre les déchirements et les outrages qu'on lui fait subir, et secoue avec plus d'énergie que jamais les honteuses entraves qu'on lui a imposées, mais elle se débat dans les convulsions de l'agonie, sous le glaive des farouches proconsuls qui ont résolu d'égorger jusqu'au dernier de ses fils; elle se relève sanglante et meurtrie en face de l'oppresseur, désespéré de ne pouvoir finir cette lutte suprême; elle déchire d'un bras invincible le linceuil où ses assassins voudraient l'ensevelir toute vivante; oui, toute vivante, car malgré son sang qui coule à flots, malgré les massacres qui se multiplient, malgré les monceaux de débris

(1) Il faut avouer que les partisans de la paix à tout prix choisissent étrangement leur temps pour conseiller le système des reculades et de la peur, et entendent d'une façon plus étrange encore les intérêts de leur patrie. N'est-ce donc rien pour la France d'avoir recouvré dans ces dernières années le rang qu'elle occupait depuis tant de siècles, et doit-elle renoncer à l'heure qu'il est à ce poste d'honneur si vaillamment reconquis à la pointe de sa magnanime épée? L'occasion la plus décisive de conserver et d'affermir cette prépondérance en Europe et ailleurs, est celle qui se présente aujourd'hui. Si la France demeure inactive ou impuissante, elle perd en un instant le prestige acquis par tant de récentes et glorieuses campagnes. On ne pourra dire sans doute, à cause des sentiments d'honneur et de patriotisme, d'intrépidité et de dévouement qui vibrent parmi nous au fond de tous les cœurs, qu'il n'y a plus de Français en France; mais on dira, au grand triomphe de tous ceux qu'offusque de près comme de loin la gloire du nom français, qu'il n'y a plus de France en Europe.

et de cadavres qui s’amoncellent chaque jour et à chaque heure, la Pologne vit, et la preuve qu’elle vit, c’est que son cœur bat plus fortement, c’est que sa main lutte plus énergiquement que jamais ; ses fils peuvent succomber et succombent en effet ici comme de héros, là comme des martyrs ; mais un tel peuple ne peut succomber, lui, un tel peuple ne peut mourir !

Le bourreau cependant n’omet rien pour achever promptement sa victime ; ce n’est plus aujourd’hui le fouet ni le knout ; ce ne sont plus les cachots ni les chaînes ; ce n’est plus le Caucase ou la Sibérie ; ces traitements indignes sembleraient aujourd’hui des ménagements délicats, des caresses à côté des barbaries et des atrocités qui se commettent sur tous les points de cette terre noyée dans des fleuves de sang et de larmes. Le pillage, l’incendie, le massacre sans pudeur et sans pitié, n’ont que trop bien répondu à l’appel du despote, dont certaines plumes françaises persistent néanmoins à glorifier *le gouvernement paternel* et même *les vues bienveillantes* pour la Pologne ; blessés et prisonniers, femmes et jeunes filles, enfants et vieillards, citoyens honnêtes et paisibles, aussi bien que les intrépides faucheurs surpris les armes à la main, tout jusqu’au prêtre à l’autel, jusqu’à la sœur qui relève et panse les blessés, est jeté en pâture à la fureur moscovite, tout succombe sous le sabre du Cosaque affamé de pillage et gorgé de sang. Et comme si ce n’était pas encore assez de ces massacres, assez de ces ordres barbares par lesquels on ne craint pas de stimuler la brutale férocité du soldat, d'autres émissaires, dignes serviteurs de la même cause, zélés complices des mêmes attentats, surviennent le lendemain d'une scène de carnage, et par des arrestations qui n'ont d'autre motif que le caprice ou le hasard, par des exécutions sanglantes, où ils traînent à l'échafaud, à la potence, les plus nobles têtes, les plus inoffensives et les plus héroïques vertus, se hâtent d'accomplir leur message de terreur et d'achever leur œuvre d'extermination.

Vains efforts, rage impuissante autant qu'elle est inique et barbare. La Pologne, intrépide comme toujours et plus confiante que jamais dans la sainteté de sa cause et la proximité de sa délivrance, trouve dans le patriotisme et la foi de ses fils un courage, une force qui grandissent en proportion des horreurs de cette situation terrible. *Les légions du désespoir*, comme on les appella d'abord, et qui se battent avec la ferme espérance qu'elles sortiront victorieuses de la lutte, tiennent en échec les bandes innombrables d'assassins qui ont reçu mission de massacrer jusqu'au dernier tous les enfants de la Pologne. Comment donc ce peuple martyr peut-il survivre à tant d'atrocités et de tortures? Comment ne se résigne-t-il pas à tendre au farouche spoliateur devenu son bourreau, ses mains impuissantes et désarmées? Ah! c'est que ce peuple héroïque n'est pas seul à soutenir cette lutte d'extermination, lutte qui serait finie il y a longtemps, ou du moins lutte qui serait à tout jamais désespérée, s'il s'agissait de toute autre cause ou de toute autre nation que la sienne. Ce peuple, dont le nom est écrit aux plus belles pages de l'histoire des temps modernes, et dont l'intrépide dévouement a rendu les plus éclatants services à la société et à l'Église, en prêtant à la civilisation et à la foi chrétiennes l'appui de son invincible épée, ce peuple des Jagellons et des Sobieski sait qu'il a des amis, qu'il trouvera au besoin des défenseurs partout où respirent des âmes nobles et des cœurs généreux; il sait qu'il a pour lui et avec lui les sympathies et les vœux du monde entier, les sympathies et les vœux de la France surtout, et cette pensée seule suffit à le rendre invincible et immortel. Ah! la France, on a eu beau lui répéter qu'elle était bien loin, que d'infranchissables barrières s'élevaient entre elle et lui, que d'autres intérêts où elle se trouve forcément engagée l'empêcheraient de pouvoir rien faire pour le défendre; rien n'a pu ébranler la confiance de la *nation en deuil* dans cette autre nation vaillante et généreuse comme elle, qu'elle a si fidèlement servie. Les frontières de la France sont loin, il est vrai, mais qu'importe, dès qu'elle a l'assurance que tous les cœurs français sont avec elle. Les intérêts de la France sont engagés ailleurs sur d'autres rives plus lointaines encore. Et n'est-ce pas ce qui prouve que les distances ne sont rien pour la France, dès qu'il s'agit de venger l'honneur de son drapeau ou de servir la cause de la civilisation et de l'humanité? Est-ce que la distance a empêché la France de marcher quand la puissance colossale qui a résolu aujourd'hui d'écraser la Pologne, se hasarda de poser le pied sur le sol de l'empire

Ottoman? Est-ce qu'ils n'étaient pas loin aussi ces pauvres frères Maronites qui succombaient naguère sous le coutcau des Druses? Est-ce qu'ils n'étaient pas plus loin encore ces saints missionnaires, ces saints néophytes qui expiraient l'année dernière sous la cangue des mandarins chinois? Et pourtant la France non-seulement entendit leurs cris de détresse et d'agonie, mais bientôt le pavillon français apparaissait, ici sur les rivages de la Syrie, là dans les mers de la Chine, et le sang injustement répandu était vengé, et les persécuteurs étaient châtiés, et la sécurité était partout rétablie. Non, ni les périls, ni la distance, ni les difficultés, ni les sacrifices ne peuvent arrêter la France dès que son noble cœur lui montre des opprimés à protéger et à défendre, des infortunes à consoler, des iniquités et des attentats à punir, et c'est précisément parce que, dans ces derniers temps surtout, la France a accepté la sublime mission d'arracher partout les faibles à l'oppression, les victimes à la mort; c'est parce que la France s'est crue assez forte, depuis dix ans, pour aller poser ses canons devant Cronstadt et Sébastopol, pour aller arborer ses pavillons au sommet des Apennins et du Liban, pour aller dicter des lois à Mexico et à Pékin; oui, parce que la France, partout invincible et triomphante, sait faire triompher partout avec elle la cause du droit, de la justice et du progrès; il le faut, c'est une conséquence à laquelle n'essayeront d'échapper ni les âmes honnêtes, ni les cœurs français, il faut que la France s'occupe, d'une manière active, efficace, de la délivrance et du salut de la Pologne.

# VII

A ces considérations si pressantes du passé et des événements actuels viennent se joindre les intérêts plus graves encore de l'avenir. On ne cesse de parler aujourd'hui des garanties qui peuvent maintenir la paix en Europe. On veut que la force des grandes puissances soit contre-balancée par des puissances égales ; on veut en un mot que tout repose sur l'équilibre européen, et c'est une panique générale sitôt que le moindre indice annonce que cet équilibre court un danger quelconque d'être compromis ou menacé. Mais sérieusement, les choses étant telles qu'elles sont aujourd'hui, cet équilibre de l'Europe existe-t-il, peut-il même exister? Tant que la Russie, comme une hydre immense, sera là pour menacer de saisir dans ses serres puissantes les autres nations qu'elle convoite comme une proie facile et assurée; tant que, jouissant de ses spoliations séculaires et de ses attentats impunis, elle n'aura pas été mise hors d'état de pour-

su vre ces envahissements successifs par lesquels elle se pro-
pose de dévorer, non-seulement l'Europe, mais le monde
entier; non, qu'on ne parle pas d'équilibre européen, qu'on
ne compte pas sur une paix durable en Europe ni ailleurs.
On peut s'en rapporter sur ce point à une autorité compé-
tente et que la France ne désavouera pas.

« La Russie, disait Napoléon, est une véritable hydre à
plusieurs têtes; elle est l'Anthée de la fable antique. Ceux
qui ont consenti à la réunion de la Pologne à la Russie en-
courront le blâme de la postérité, quand le sud de l'Europe
sera la proie des barbares du Nord.... Un jour, toutes les nations de l'Europe reconnaîtront que j'ai adopté la plus saine
politique en cherchant à rétablir la Pologne. C'était le seul
moyen d'arrêter la puissance russe, c'était mettre une barrière, une digue à ce formidable empire, qui probablement
va bientôt envahir l'Europe..... En relevant la Pologne,
*cette véritable clef de toute la voûte,* je ne prétendais rien
acquérir, je ne me réservais que la gloire du bien et les bé-
nédictions de l'avenir.....

« Ces canailles de Russes ont tout ce qu'il faut pour la
conquête. Ils sont braves, actifs, patients, pauvres, et ne
demandent pas mieux que de s'enrichir. Je pense qu'ils en-
vahiront et prendront l'Inde, ou ils entreront en Europe
avec quatre cent mille kosaks et autres habitants du désert,
et deux cent mille véritables Russes. Il est naturel à l'homme
d'améliorer sa condition, et ces sauvages, en comparant leurs
plaines arides avec les belles provinces qu'ils ont laissées,

auront toujours le désir d'acquérir ces dernières, sachant bien qu'aucune nation n'usera de représailles et n'essayera de leur enlever leurs déserts.....

« Dans la nouvelle combinaison politique de l'Europe, son sort ne tient plus qu'à la capacité, qu'aux dispositions d'un seul homme. Qu'il se trouve un empereur de Russie vaillant, impétueux, capable..... et l'Europe est à lui!.... Je pense cependant que *tout dépend de la Pologne!....* D'ici à quelques années, la Russie s'emparera de Constantinople, de la plus grande partie de la Turquie et de la Grèce. Une fois maîtresse de Constantinople, la Russie aura tout le commerce sur la Méditerranée, elle deviendra une grande puissance maritime, et Dieu sait ce qui s'ensuivra. J'ai prévu tout cela. Je vois dans l'avenir plus loin que les autres, et j'ai voulu opposer une barrière à ces barbares en rétablissant le trône de Pologne..... Avant tout, il faudrait faire de la Pologne un royaume séparé et indépendant. Dans cent ans on m'encensera, et l'Europe, l'Angleterre surtout, regretteront que mon projet n'ait pas réussi. Quand on verra l'Europe envahie devenir la proie des barbares du Nord, on dira : *Napoléon avait raison!* »

Il n'a pas fallu attendre un siècle pour voir s'il avait raison, le puissant génie, le grand politique dont la faute capitale a été de n'avoir point profité des occasions si favorables qu'il avait, et de réaliser des projets si sagement combinés, et de prévenir à tout jamais les malheurs qu'il entrevoyait de son regard d'aigle. Trente ans à peine après que Napoléon jetait ces regards inquiets vers l'avenir et prononçait les prophétiques paroles qui viennent d'être citées, la Russie était sur le chemin de Constantinople avec trois cent mille Cosaques. La France et la Turquie, l'Italie et l'Angleterre durent mettre sur pied toutes leurs forces réunies pour opposer une digue à l'invasion des barbares du Nord, et il n'a pas fallu pour les arrêter moins de deux cent mille cadavres des meilleurs soldats de l'Europe écrasés par le canon russe.

# VIII

Comment donc a-t-on osé tout récemment mentir à la politique et à l'histoire au point de prétendre, en face des éventualités actuelles, que si Napoléon n'avait pas rétabli la Pologne, c'est qu'il ne l'avait pas pu ou ne l'avait pas voulu, et que ce serait folie à la France d'aujourd'hui de s'ingérer dans une entreprise où le premier Empire avait échoué ; que là fut la cause des désastres de la grande armée dont les chefs, pour avoir prétendu donner suite à cette idée *impossible*, étaient allés périr, l'un noyé dans l'Elster, l'autre martyrisé à Sainte-Hélène ; qu'à l'heure qu'il est enfin, l'unique moyen de pacifier l'Europe, c'est l'absorption complète de la Pologne par la Russie, c'est-à-dire la radiation définitive de la Pologne de la carte de l'Europe, où cette nation *remuante* a été la cause de toutes les complications qui la troublent depuis un siècle.....

Inutile d'opposer de longs démentis à ces mensonges que

l'on regrette de voir reproduits, même par des plumes sincèrement catholiques, et qui ne furent jamais si mal inspirées. De telles allégations ont déjà subi la plus significative réfutation qui puisse être infligée à l'erreur, la répulsion générale et la réprobation du pays.

Non, il n'est pas vrai que Napoléon I<sup>er</sup> n'ait pas pu ni voulu rétablir la Pologne. Ce fut là au contraire l'idée principale et dominante qui servit de base à tous ses projets; c'était là le magnifique plan par lequel il voulait pacifier l'Europe, justifier sa conduite, que l'on taxa trop facilement d'ambition et d'orgueil, légitimer et couronner tous ses triomphes. S'il ne le réalisa pas, ce noble plan dont les combinaisons étaient en si parfaite harmonie avec les hautes vues de son génie et en même temps avec la droiture et la bonté de son cœur, c'est que, trop confiant dans les promesses d'une fortune inouïe et de succès inespérés, le conquérant de l'Europe, tantôt dans sa trop grande bonne foi avec des alliés perfides, tantôt dans sa trop grande magnanimité envers des ennemis vaincus, laissa échapper dix fois, de 1804 à 1812, l'occasion favorable d'atteindre son but, et l'occasion si souvent manquée finit par ne plus revenir. En 1813, alors que les événements se précipitaient déjà de façon à faire pressentir le plus incroyable renversement de fortune qui puisse étonner le monde, le grand homme reconnaissait, mais trop tard déjà peut-être, la cause de toutes ses méprises et de tous ses revers. « Nous sommes des imbéciles, disait l'Empereur à son aide-de-camp; nous sommes de grands enfants qui jouons à la chapelle..... Les alliés ne veulent pas traiter, ils ont mis en oubli ma conduite envers eux à Tilsitt..... Je pouvais les écraser alors, et j'ai été ma-gnanime..... Ma clémence a été de la niaiserie. Un écolier eût été plus habile que moi ; il aurait mieux profité des en-seignements de l'histoire, il aurait su que ces races dégé-nérées n'ont ni foi ni loi. »

Non, Napoléon et la grande armée n'ont pas succombé pour avoir travaillé à reconstituer la Pologne. Ce qui a perdu Napoléon, ce ne fut point son amour pour la Pologne, ce fut sa haine contre la Russie. Pour abattre ce gigantesque empire, dont il voulait à tout prix amoindrir la puissance et faire reculer les frontières ; pour aller frapper au cœur le monstrueux colosse, dont les deux bras étendus sur la super-ficie du globe enlacent le monde presque entier dans leurs formidables étreintes, il se hasarda dans des régions déso-lées, sous un ciel inclément dont il ne connaissait, ni lui ni ses braves compagnons d'armes, les effroyables rigueurs. Moscou fut pris, le Kremlin tomba, mais cette victoire coûta cher au vainqueur, dont elle fut le triste et dernier triomphe. Pour arriver jusque-là, il avait fallu des peines inimaginables, des sacrifices énormes, et le retour fut bien autrement désas-treux encore. Un hiver aussi prématuré que terrible vint fermer toutes les voies ; la vengeance moscovite n'eut pas besoin de déployer ce qui lui restait de forces, de faire pleu-voir la mitraille, de faire avancer ses canons ; le climat gla-cial de ses steppes désertes, de ses forêts marécageuses et profondes, suffit pour consommer l'œuvre de destruction, et ensevelit dans les neiges cent mille braves, à qui aucun ennemi n'avait pu encore faire mordre la poussière sur aucun champ de bataille.

Ce n'est donc pas pour avoir été combattre en faveur de la Pologne, mais pour s'être élancé imprudemment et hors de saison jusqu'au delà des landes arides et des marais de la Moscovie, que la grande armée a péri, et avec elle la puissance et le prestige de Napoléon. Si le vainqueur d'Austerlitz et de tant d'autres champs de bataille n'avait pas commis cette faute, il n'aurait pas subi cet échec irréparable où il fut brisé, non par l'ennemi qu'il voulait terrasser, mais par la force et le concours des éléments avec lesquels il n'est pas donné à la faiblesse et à l'imprévoyance humaine de pouvoir se mesurer. Le lendemain de ce désastre, l'Europe, liguée lâchement contre celui devant qui elle avait si long-temps tremblé, rompait tous les engagements, déchirait tous les traités, et substituait à leur place les iniques stipulations du congrès de Vienne, où l'infortunée Pologne, pour prix de ce qu'elle avait fait et souffert pour nous, devenait la proie des spoliateurs voisins qu'elle nous avait aidés à combattre. La Prusse, l'Autriche et la Russie la déchiraient pour la sixième fois en tronçons sanglants, et s'en partageaient les lambeaux.

# IX

Faut-il pour cela que cette malheureuse nation en prenne son parti, qu'elle s'étende, toute pleine de vitalité et de patriotisme, dans la tombe où la retiennent ses geôliers d'une part, ses assassins de l'autre, et qu'elle attache elle-même d'une main parjure sur son cercueil, la lugubre épitaphe contre laquelle elle n'a cessé de protester : *Finis Poloniæ!* Il n'y a plus de Pologne ! C'en est fait d'elle à tout jamais !... Faut-il pour éviter des embarras et des dangers souvent imaginaires, dont s'épouvantent trop facilement les âmes pusillanimes, les cœurs et les esprits étroits, faut-il admettre comme solution définitive et suprême des complications du moment, que la Pologne n'a plus droit à revendiquer ni autonomie, ni nationalité, ni indépendance; qu'elle doit être radicalement effacée de la carte de l'Europe et incorporée à la Russie? Non, mille fois non ! Une telle solution ne peut convenir ni à l'Europe, ni à la Pologne, ni à la France.

Je ne reviendrai pas sur les considérations exposées plus haut, et basées sur les appréciations, sur les pressentiments de Napoléon Ier lui-même, pressentiments en parfait accord avec l'expérience du passé, comme avec la marche des événements actuels, et qu'il siérait mal à tel ou tel publiciste du jour, de venir, du haut d'une tribune ou du fond d'un bureau, traiter de fantômes et de chimères. Que l'Europe se le tienne donc pour dit par cette voix du plus grand génie comme du plus grand capitaine des temps modernes ; il faut qu'elle se mette en garde contre la Russie ; il faut qu'elle soit protégée par une barrière capable d'arrêter la marche envahissante des barbares du Nord vers l'Occident ; il faut qu'elle rétablisse entre eux et elle, de la mer Baltique à la mer Noire ce magnifique parallélogramme si admirablement, si providentiellement disposé pour lui servir de rempart, et qui sera, du jour où elle le voudra, mille fois plus formidable que ce fameux quadrilatère tracé par l'Autriche, entre les Alpes et l'Adriatique. Autrement, que l'Europe ne compte pas trop marcher toujours à la tête des autres continents dans les voies du progrès et de la civilisation ; un jour viendrait où elle ne serait plus que le prolongement multiple, que l'agrandissement bizarre de la Moscovie, et la Moscovie, c'est toujours la Scythie, c'est-à-dire le sol ingrat et maudit où sont implantées, plus profondément que partout ailleurs, les racines de la servitude et de la barbarie. Autrement, que les nations de l'Europe, aujourd'hui si puissantes et si fières, ne s'endorment pas d'un sommeil trop profond derrière les canons échelonnés le long de leurs frontières. Un matin viendra où elles aussi, réveillées par l'approche d'un nouveau fils de Genséric ou d'Attila, elles regretteront de n'avoir pas tenu à distance le monstre insatiable qui n'attend pour faire sa proie des peuples voisins que l'occasion favorable de les dévorer.

Cette solution qui, infailliblement, n'aboutirait qu'à l'extermination du peuple le plus vaillant de l'Europe, ne peut être acceptée de la Pologne. La Pologne veut vivre, vivre indépendante et libre, vivre par elle et pour elle, et l'identifier à la Russie, l'incorporer à l'empire des Tzars, c'est la condamner évidemment à l'esclavage ou à la mort. A l'esclavage, et à quel esclavage? Les tortures d'un siècle, les tortures d'aujourd'hui surtout répondent suffisamment à cette question. A la mort, et à quelle mort? Cette mort, si elle n'est pas la conséquence immédiate des massacres, des exécutions, des boucheries qui ensanglantent à l'heure qu'il est la terre sainte où reposent tant de martyrs, sera un peu plus tôt ou un peu plus tard le résultat d'une affreuse agonie. On raconte qu'un tyran de l'antiquité, par un raffinement inouï de barbarie, se plaisait à faire attacher au même gibet le corps plein de vie d'une victime nouvelle étroitement lié au cadavre d'un supplicié de la veille, et tous deux restaient là unis dans cet horrible embrassement, jusqu'à ce que la décomposition des chairs infectes de l'un, communiquât la mort aux chairs encore vivantes de l'autre. Vouloir incorporer la Pologne à la Russie, ne serait-ce pas condamner la nation

martyre à cet épouvantable supplice ; et cela dans des circonstances qui le rendraient bien autrement odieux, bien autrement révoltant encore? La Russie n'est pas seulement un
corps sans mouvement et sans vie, ce n'est pas seulement un
immense cadavre, c'est le cadavre d'un assassin, et d'un assassin qui n'a cessé de tremper ses mains dans le sang de la
Pologne. Si donc vous dites à la Pologne de fraterniser avec
la Russie, de jurer fidélité au tzar, elle vous répondra toujours
avec l'accent d'un insurmontable dégoût : Non, non, jamais,
il y a trop longtemps qu'il s'enivre du sang de mes fils !... Si
le tzar, par le système de la terreur ou de toute autre manière,
persiste à dire aux enfants de la Pologne : Soumission et
obéissance, respect et dévouement ! Toujours, toujours ils lui
répondront avec l'inébranlable détermination d'une héroïque
et invincible résistance : Non, non, jamais, nous ne serons à
toi ; jamais nous n'aurons ni respect, ni amour, ni dévouement pour toi. Tu n'as droit qu'à notre éternelle exécration
et à notre implacable vengeance. Tu es l'insulteur, tu es le
bourreau, tu es l'assassin de notre mère !...

X

Cette solution, enfin, qui consisterait à consommer le
meurtre définitif et officiel de la Pologne, ne peut convenir à la
France. Si la France pouvait rester impassible en face d'une
telle iniquité, et prêter à ceux qui se hâtent de l'accomplir la
complicité tacite, la coopération indirecte de son inaction et
de son silence, ne serait-ce pas pour elle une tache ineffaçable
et un insupportable remords? La France qui, aujourd'hui
plus que jamais, se montre fidèle à ce noble rôle d'être partout le *soldat de Dieu*, comme l'appellent les puissances ri-
vales et jalouses de sa gloire; la France, à qui ses traditions anciennes et récentes assignent la place d'honneur, le
premier rang à occuper chaque fois que se présente une
injustice à réparer, une sainte cause à défendre, comment à
l'heure qu'il est se ferait-elle pardonner cette coupable in-
souciance, cette inconcevable inertie? Ah! qu'on ne dise plus
alors que le peuple français est le plus fort et le plus puis-

sant, le plus loyal et le plus généreux de l'univers. En face d'une telle ingratitude vis-à-vis de la nation qui a le mieux mérité de nous, en face d'une telle inconséquence qui dément toutes les nobles traditions du passé et compromet peut-être toutes les gloires de l'avenir, on se prend malgré soi à s'attrister et à rougir. Mais non, cette honte ne sera pas infligée à la France des Napoléons (1). Non content de la gloire d'avoir vengé Napoléon I<sup>er</sup>, Napoléon III voudra réaliser la plus grande des pénsées, couronner la plus belle des œuvres méditées par l'auguste chef de la dynastie qui a régénéré l'Europe, qui a sauvé la France, et la dette sacrée du premier Empire sera payée par le second.

Il faut que la Pologne revive et qu'elle revive grande et forte, indépendante et libre, telle que dix siècles l'ont vue, florissante et victorieuse, toujours l'épée à la main comme une sentinelle intrépide et vigilante, placée aux confins de la civilisation. Que l'on arrive à cette solution par la paix ou par la guerre, il faut que l'on y arrive, et l'heure ne saurait tarder à donner le signal de l'une ou de l'autre de ces deux alternatives qui tiennent l'Europe en suspens. On y arrivera par la paix si l'autocrate de toutes les Russies, bornant ses prétentions à régner sur la moitié presque de l'ancien continent,

---

(1) La faute capitale que l'on a reprochée, que l'on reproche encore au gouvernement de Louis-Philippe, et qui a le plus contribué à lui aliéner les cœurs, c'est d'avoir blessé l'honneur national en ne tenant pas à la hauteur qui lui convient le drapeau de la France. Le gouvernement actuel a trop à cœur la dignité du nom français pour faillir ainsi à sa mission, et ne permettra jamais que le même reproche puisse lui être adressé, ni en France, ni à l'étranger,

se rend aux remontrances ou aux sommations des autres puissances inébranlablement résolues de lui arracher la victime qu'il torture depuis un siècle. Dans le cas contraire, c'est-à-dire si le tzar ne cède ni devant les notes particulières des cabinets isolés, ni devant les ultimatums de toutes les puissances réunies, alors le rôle de la diplomatie est fini, celui de l'épée commence. Or, dans l'hypothèse où ce second moyen d'arriver à la solution voulue deviendrait inévitable, y aurait-il lieu de le considérer avec cette frayeur par laquelle certains esprits cherchent à jeter partout l'alarme et le découragement, comme si, déclarer la guerre à la Russie pour une question où toutes les puissances sont d'accord avec nous, ce serait ruiner tous nos intérêts et condamner la France à périr avec la Pologne !.... Il faut, pour s'arrêter à ces paniques, auxquelles le caractère français a toujours répondu par les plus énergiques dénégations et le plus hostile accueil, il faut avoir la vue bien courte et la mémoire plus courte encore. Que l'on regarde donc ces poignées de paysans, d'ouvriers, d'étudiants polonais, qui, avec leurs faux et leurs bâtons, fondent intrépidement sur les canons du tzar, culbutent les escadrons de Cosaques, et tiennent en échec, depuis six mois toutes les forces de la Russie, et que l'on juge si le débarquement de cinquante mille Français sur les bords de la Vistule, n'aurait pas tranché bientôt la question pendante. Qu'on se rappelle, il y a dix ans de cela, les forces colossales que la Russie avait rassemblées contre nous sur les hauteurs de l'Alma et derrière les remparts, jusque-là imprenables, de Sébastopol, et, l'histoire de nos braves légions à la main, que l'on prononce aujourd'hui si c'est à la Russie à craindre la France, ou à la France à craindre la Russie (1). Oui, que quelques frégates françaises apparaissent seulement dans les eaux de Bomarsund ou sur les rives déjà glorieusement connues de la Crimée et du Bosphore ; que quelques régiments d'artillerie et de cavalerie, de fantassins et de zouaves, aillent camper sous les murs de Varsovie, et bientôt la *ville en deuil*, la ville aux larmes inconsolées et aux massacres périodiques, redeviendra, grâce à la France, la capitale de la Pologne, non pas de la Pologne esclave, sanglante et lacérée, mais de la Pologne libre et affranchie, rajeunie et consolée, glorieuse et régénérée comme cette sœur fidèle

---

(1) A l'heure qu'il est, et malgré des souvenirs qu'elle n'a pu oublier si tôt, la Russie n'en continue pas moins, non-seulement à se jouer des principaux cabinets, mais à insulter les plus glorieux pavillons de l'Europe. Par l'organe de ses feuilles officielles et semi-officielles, elle provoque audacieusement ses vainqueurs de 1855, et les invite dédaigneusement, s'ils ne sont pas encore guéris de cette tentation, à renouveler la *promenade dérisoire* qu'ils firent alors dans la Baltique. Du haut de ses *bastions inabordables*, elle aura de nouveau le plaisir de contempler les *évolutions inoffensives de leurs escadres impuissantes*, et de les voir s'en retourner avec une *complète cargaison de dépit et de honte...* En face de ces défis, aussi insultants qu'ils sont insensés, on ne pourrait dire encore quelle sera la détermination de l'Angleterre ; mais on peut affirmer à l'avance que celle de la France sera celle qui convient à l'honneur de son drapeau en même temps qu'à la cause de l'humanité indignement outragée par la férocité moscovite. Cette attitude provocatrice et menaçante de la Russie, où l'aveuglement ne le cède qu'à l'orgueil, ne serait-elle pas le prélude des catastrophes par lesquelles la Providence se réserve de châtier tant de forfaits odieux, tant d'atrocités impunies? Que ferait donc aujourd'hui et que dirait cette puissance barbare, si la France ne s'était mise en mesure de l'humilier, de la vaincre et de l'écraser il y a dix ans?

et toute puissante qui sera venue venger ses outrages et
briser ses fers.

Là est l'honneur, là est le devoir de la France; là le salut,
la résurrection de la Pologne. France et Pologne! deux
noms que l'histoire a gravés trop près l'un de l'autre pour
qu'ils puissent jamais être séparés! France et Pologne! deux
sœurs dont l'amour repose sur des sympathies trop vivaces,
sur des dévouements trop sublimes pour que la voix de cet
amour puisse jamais être incomprise ou méconnue! Ah!
puisse cet amour si fort, si unanime parmi nous, produire
autre chose que quelques pièces de monnaie envoyées en
secours aux pauvres faucheurs polonais, et se traduire autrement que par quelques larmes répandues sur les plus
émouvantes infortunes, ou par quelques gouttes de sang
français versées généreusement, mais isolément pour la plus
noble et la plus juste des causes. Que la France tende ré-
solùment à la Pologne cette main protectrice qui ne fait
défaut à personne, pas même à l'infidèle et au musulman,
lorsqu'elle entend venir à elle le cri de l'oppression et de la
douleur. Qu'elle reçoive dans ses bras cette sœur autrefois
si glorieuse, si belle, et aujourd'hui défigurée par des outrages sans exemple, et devenue la proie d'un ravisseur barbare! France et Pologne! la solidarité de ces deux grandes
nations a été cimentée par des engagements sacrés, éternels;
jamais, jamais il ne sera permis à l'une de séparer ses destinées de l'autre. France et Pologne! la France servie jadis
par la Pologne jusqu'au dernier soupir du dernier de ses

fils! La Pologne relevée aujourd'hui par la France de cette couche de sang et de larmes, exhumée de cette tombe hideuse où l'on essaye depuis un siècle de sceller la pierre constatant le trépas d'une nation qui ne veut pas mourir! La Pologne, en un mot, ressuscitée par l'héritier de Napoléon I$^{er}$, la Pologne reconstituée par la France du second Empire, c'est le cri qui s'élève de la tombe de nos pères ensevelis dans la même poussière et dans les mêmes triomphes avec les enfants de la Pologne! c'est le vœu de tous les cœurs véritablement français, dont les battements et les soupirs demandent avant tout qu'aucune tache ne vienne ternir le caractère national et l'antique renommée de la France. La Pologne sauvée par la France, c'est la voix de tous les échos du passé! c'est l'honneur et le devoir du présent! c'est l'espérance et la garantie de l'avenir!

L'abbé C. G.

Rédacteur en chef de *la Tribune sacrée*,
auteur de *l'Apôtre missionnaire*, etc.

Paris, 20 août 1863. — 22, rue Levert, 20ᵉ arrondissement.

LAGNY. — Imprimerie de A. VARIGAULT.

9 782019 724191